AF339018

Mme DE GOUVELLO

MME AMÉLIE DE GOUVELLO

SUPÉRIEURE ET FONDATRICE DE LA MAISON DES DAMES DES SACRÉ-CŒUR
ET DE L'ADORATION PERPÉTUELLE, A NANTES.

La vie religieuse, si simple, si modeste, si cachée, offre peu de ressources au biographe chargé d'écrire quelques pages destinées à conserver le souvenir d'une existence passée au milieu des jours uniformes du cloître. Néanmoins, c'est une pieuse coutume, qui tend beaucoup à se généraliser, et, si elle présente certains inconvénients, elle compte, parmi ses avantages, celui d'être un témoignage d'estime et de reconnaissance. Chacun comprend, en effet, que c'est une satisfaction, pour les compagnes, les amis ou les élèves de celle qui n'est plus, que de relire parfois des lignes dont le seul mérite consiste à rendre hommage à la personne regrettée, dont la mémoire vit au fond de leur cœur.

Cependant il appartenait à une plume mieux autorisée que la nôtre, d'écrire la présente notice, et, si nous avons enfin cédé à la demande réitérée qui nous en a été formellement adressée, on voudra bien se montrer indulgent, en raison de l'insuffisance des renseignements que l'humilité de ces Dames ne leur a pas permis de compléter.

Amélie-Marie-Armande de Gouvello de Kerantré, — ou mieux le Gouello, en français (de) Forges, — naquit à Londres en 1799.

Le comte Paul de Gouvello, son père, issu d'une vieille famille bretonne, était colonel des Gardes de Monsieur, comte d'Artois. Ayant pris part à l'affaire de Quiberon, il réussit, quoique blessé, à rejoindre, à la nage, le vaisseau du prince [1]. Peu d'années après, il épousa en secondes noces Mˡˡᵉ Pauline-Adélaïde de la Landelle, dont l'oncle, René-Vincent de la Landelle, après avoir partagé les dangers du comte de Gouvello dans la désastreuse tentative de Quiberon, avait été fait prisonnier, condamné à mort dans la chambre même où il était né, et fusillé à Vannes en 1795.

Le comte et la comtesse de Gouvello, revenus en France vers 1805, fixèrent leur séjour à Rennes, où la mort les frappa, jeunes encore, laissant leur fille orpheline, à dix-huit ans.

Depuis plusieurs années, l'ordre des Dames de l'Adoration perpétuelle, fondé à Poitiers au sortir de la Révolution, possédait un établissement dans l'ancienne capitale de la Bretagne. C'est là que Mˡˡᵉ de Gouvello, en qualité de grande pensionnaire, se réfugia, pour ensevelir son deuil et sa douleur. Loin d'être éblouie par les succès que sa fortune et le rang de sa famille lui assuraient au milieu de la haute société, elle laissa son cœur et son esprit se tourner en entier vers la religion douce et consolante, dont l'abbé Caron lui avait enseigné les premiers éléments, et que ses parents s'étaient appliqués à lui faire aimer et connaître.

En vain de brillants partis se présentèrent. Les attraits paisibles d'une solide vocation religieuse agissaient de plus en plus sur l'âme de la jeune fille, qui s'associait, pour une large part, à toutes les bonnes œuvres, alors pratiquées à Rennes, lorsqu'enfin, à l'âge de vingt-cinq ans, elle résolut d'entrer au noviciat de l'Adoration.

Mˡˡᵉ de Gouvello partit donc pour Paris, où se trouve la maison-mère, et y fit profession, le 8 avril 1828.

a communauté de Poitiers ayant perdu sa supérieure, Mᵐᵉ de la Barre, l'une des premières compagnes de Mᵐᵉ de la Chevalerie, fondatrice de l'ordre, Mᵐᵉ de Gouvello, quoique bien jeune d'âge et surtout de religion, fut choisie pour la remplacer.

---

[1] Le frère de M. de Gouvello avait été marié, par le roi Louis XVIII, à Mˡˡᵉ de Bourbon-Busset, qui reçut du prince une magnifique parure. — L'abbé Pierre le Gouvello, mieux connu sous le nom de M. de Queriolet, que la *Biographie bretonne* dit pouvoir être, à certains égards, surnommé le saint Augustin de la Bretagne, appartenait aussi à cette famille.

Elle sut se montrer digne du choix des supérieurs. Entre ses mains, la Grand'Maison devint un des pensionnats les plus florissants de la ville [1]. A son entrée, elle y trouva trente élèves ; quand elle le quitta, il y en avait quatre-vingt-dix-neuf. En 1838, sa santé, ébranlée par un travail trop assidu et les austérités de la vie religieuse, s'altéra, et l'obligea, au grand regret de ses sœurs et de ses élèves, à se retirer à Paris, où elle fit une longue et douloureuse maladie.

A peine rétablie, Mme de Gouvello vint à Nantes, en 1840, avec la mission délicate de fonder un établissement important.

Bientôt, grâce aux soins de la digne supérieure, à son excellente direction, à son dévouement, le pensionnat de l'Adoration prit place parmi les premières maisons d'éducation de notre populeuse cité. En effet, Mme de Gouvello ne consacrait pas seulement toutes ses pensées, tous ses instants, au bien-être de ses sœurs et de ses élèves, mais encore la grande fortune qu'elle possédait lui fournissait les moyens d'entretenir la maison, de l'installer, conformément à la destination qui lui était réservée, et d'apporter d'heureuses améliorations dans les édifices, les aménagements, et surtout la nourriture des pensionnaires.

Souvent elle servait elle-même ces dernières, veillait attentivement à ce qu'elles n'eussent besoin de rien, et dînait presque toujours à onze heures et demie, afin de présider plus librement au repas de ses chers enfants, occupation qu'elle considérait comme un devoir.

Rien de gracieux, de coquet, d'élégant, comme les dortoirs de l'Adoration, avec leurs légers lits en fer, aux rideaux d'une blancheur de neige, avec leurs petites fontaines, aux robinets étincelants; souvent nous avons visité des dortoirs, mais ceux de l'Adoration nous sont restés dans la pensée, comme le type de l'élégance et de la propreté.

Bien que, par moments, d'un abord froid et sévère, auquel s'ajou-

---

[1] La maison dans laquelle s'établit l'Adoration, à Poitiers, est située rue des Hautes-Treilles; elle était si petite, comparativement au nombre des personnes qui l'habitaient, que, par antiphrase, elle fut surnommée *la Grand'Maison*.

tait une certaine brièveté de parole propre à déconcerter, Mme de
Gouvello savait surtout mettre en pratique cette maxime du Sau-
veur : « *Laissez venir à moi les petits enfants.* » C'était la religieuse
au cœur maternel et dévoué, se plaisant au milieu de ses pensionnaires, dont elle se montrait réellement la mère, et qui toutes l'ado-
raient. Aussi, chaque année, la porte de la communauté s'ouvrait
et *les anciennes,* mères de familles, jeunes femmes et jeunes filles
venaient avec joie se grouper autour de *Madame Amélie,* retremper
un instant leur courage, au lieu où s'étaient passées les plus belles
années de leur enfance, et recueillir encore quelques bonnes paroles
solliciter quelques conseils de leur maîtresse bien aimée.

« Aimez vos élèves, répétait-elle sans cesse à ses religieuses
prouvez leur votre affection par une patience et un dévouemen:
sans bornes, vous gagnerez leur estime et leur confiance ; soye:
pour elles une mère, vous en obtiendrez ainsi tout ce que vous vou:
drez et leur ferez aimer et pratiquer la vertu. Il existe, je le sais
des caractères difficiles ; cependant punissez rarement, prenez-le:
par le cœur, vous réussirez mieux qu'avec la sévérité.

Il est une des nombreuses qualités de Mme de Gouvello que nou:
ne pouvons passer sous silence : c'est la discrétion aimable et em-
pressée avec laquelle elle accueillit nombre d'élèves dont les parent:
ne pouvaient acquitter les frais d'éducation. Sous ce rapport, l'Adoration fut un des pensionnats qui ont rendu le plus de services, e:
prodiguant les bienfaits de l'instruction à une foule de jeunes personnes, qui, sans cela, en eussent été privées.

Quelques jours avant sa mort, ayant appris qu'une de ses petite:
élèves, déjà orpheline, allait perdre sa mère et rester sans ressour
ces, elle pria la sœur qui lui faisait part de cette triste nouvelle d:
tranquilliser la pauvre mère : « Assurez-la, dit-elle, que je gardera
son enfant, (qui est âgée de huit ans), comme si elle était à moi
jusqu'à ce qu'elle puisse se suffire à elle-même; qu'elle ne se tour-
mente donc plus ; que le paiement ne la préoccupe pas ; je ne veu:
plus en entendre parler. »

Supérieure et fondatrice de l'établissement qu'elle administrait
cette position lui donnait certains priviléges que parfois elle aima:
à oublier, pour descendre aux dernières fonctions et donner à tou:

l'exemple de l'abnégation. Lorsque ses religieuses la surprenaient et lui témoignaient le désir d'exécuter elles-mêmes le travail qu'elle s'était ainsi imposé : « Non, non, répondait-elle simplement, vous ne feriez point cela à mon goût. » Souvent, Mme de Gouvello craignait aussi d'avoir à son service plus qu'il ne lui était permis par la règle ; et, à diverses reprises, les sœurs durent recourir à la ruse, afin de lui faire porter les vêtements neufs dont elle avait besoin, et qu'elle distribuait, malgré cela, à celles qui lui semblaient en posséder de plus usés que les siens.

A la suite d'une courte maladie, qui, au début, ne faisait pas présager un dénoûment aussi rapide, Mme de Gouvello, entourée de ses religieuses, munie des sacrements de l'Eglise, paisible et sans crainte devant la mort, s'endormit doucement dans le Seigneur, le 16 janvier 1871, à neuf heures du matin, laissant sa maison et son pensionnat dans un état prospère, après les avoir sagement gouvernés pendant trente ans.

Noblesse oblige, dit un vieil adage dont l'histoire contemporaine vient encore de montrer la véracité. Si les uns versent leur sang sur le champ de bataille, il en est d'autres qui, dans le silence de la retraite et le calme du cloître, savent ajouter à l'éclat glorieux du nom de leurs ancêtres. La noblesse est vertu, selon La Bruyère.

Jamais Mme de Gouvello ne se permit la moindre allusion à l'ancienneté, ni au rang de sa famille ; mais elle sut traduire et parfaitement s'appliquer la vieille devise qui brille au-dessus de son écusson. FORTITUDINI signifiait, pour les hommes d'armes, *à la force, à la vaillance, au courage;* pour elle, au contraire, *à la vertu, à la constance, à la fermeté,* trois mots qui peuvent résumer sa vie entière : à la vertu, qu'elle connut et pratiqua si bien ; à la constance, dans l'accomplissement de ses devoirs, dans sa renonciation au monde et à sa fortune, employée en bonnes œuvres ; à la fermeté, dans son dévouement à ses compagnes, à ses élèves, trois choses qui l'ont conduite à doter la ville de Nantes de l'une des meilleures maisons d'éducation religieuse.

S. N.-T.

30 Janvier 1871.

Nantes, imp. VINCENT FOREST ET EMILE GRIMAUD, place du Commerce, 4.

154

www.ingramcontent.com/pod-product-compliance
Lightning Source LLC
Chambersburg PA
CBHW061239050726
47594CB00009B/3952